Paul-Émile Daurand-Forgues

La Fille du roi Bruce

Récit de la vie Bohème

ISBN : 978-1727138214

10 9 8 7 6 5 4 3 2 1

Paul-Émile Daurand-Forgues

La Fille du roi Bruce

Récit de la vie Bohème

Table de Matières

Friends of Bohemia, **by E. M. Whitty.** [1]

Introduction

— Que n'avez-vous encore un jour à perdre ? me dit le docteur Paul E… au moment où nous arrivions à la gare du chemin de fer.

— Eh bien ! répondis-je, quand cela serait ?…

— C'est qu'alors, au lieu de nous séparer en route, nous prendrions tous deux nos billets pour Beechton.

— Qu'est-ce donc que Beechton ?

— Une fort jolie résidence dans un assez plat pays, le comté de Stafford. Nous y passerions quelques bonnes heures, et vous y seriez présenté à une femme vraiment remarquable, miss Mary Dasert.

— Hé mais ! permettez donc, cher docteur ; ce nom-là ne m'est pas absolument inconnu. Ne se rattache-t-il pas d'une assez étrange façon à celui de lord Slumberton ?

— Vous l'avez dit ; mais à votre accent je vois bien que vous ne connaissez pas l'histoire de ces deux personnages. Chemin faisant, c'est-à-dire si vous consentez à m'accompagner, je vous la raconterai. Est-ce convenu ?

— Ah ! docteur, me prendre ainsi par mon faible, savez-vous que ce n'est pas bien agir ?

— Compris. Je demande deux premières pour Beechton.

Voici maintenant le singulier récit de mon compagnon de route, et je déclare d'avance que je n'y changerai pas grand'chose. J'ai tâché de lui conserver le débraillé philosophique et parfois un peu cynique, il faut bien le dire, dont cet excellent homme avait contracté la déplorable habitude en ces régions *bohèmes* où presque toute sa jeunesse s'était écoulée. Qu'on le lui pardonne, et à moi aussi. Ce récit est de ceux qu'il faut ou supprimer ou accepter en bloc, avec ses allures plus ou moins *légitimes*. Il en est de lui comme de ces gens d'esprit qu'on n'aurait jamais chez soi, si on leur imposait la cravate blanche, l'habit noir et les gants paille : on les supporte donc en redingote et malgré leurs bottes parfois mouchetées de boue. J'ai ouï dire qu'on n'avait pas toujours à s'en repentir.

Section I

Parmi les collines du Surrey, sur une vaste bruyère, il y a trente ans de cela, s'élevait, loin de toute autre habitation, un grand bâtiment en briques rouges, moitié palais, moitié ferme. Un marchand retiré du commerce l'avait commencé, une espèce de fermier contrebandier le termina ; ce dernier avait pris à bail les landes environnantes, et fournissait Londres de marchandises françaises débarquées de nuit sur la côte du Sussex. Un médecin qui voulait faire sa fortune et s'était consacré, comme moi, au traitement des maladies mentales, vint y remplacer ces deux fondateurs. Les longues galeries furent aménagées en cellules ; les vastes caves, où s'enfouissaient jadis les masses d'objets prohibés, devinrent autant de donjons souterrains. — On dirait qu'ils ont bâti tout exprès pour moi ! se disait volontiers le docteur X…, trottant, au retour de sa chevauchée quotidienne, sur les collines du Surrey. Au fait, c'était une admirable maison de fous, et « l'isolement ne faisait qu'ajouter à ses autres mérites, » ainsi que l'avait remarqué mon habile confrère, profond observateur, et qui sans cela fût resté pauvre.

Savant, il ne l'était guère. Nous ne le comptions pas, je vous prie de le croire, au nombre des prédécesseurs de Forbes Winslow [2] ; mais à ceux qui le connurent il a laissé le souvenir d'un génie original, d'un vrai réformateur, homme d'un rare bon sens et d'une rare énergie. Sa sagesse expérimentale lui avait appris à gouverner les fous ; sa forte volonté lui avait servi à faire accepter des sages, ou soi-disant tels, certaines théories passablement risquées qui prenaient sous sa plume une apparence d'autorité. Une fois admises, elles l'enrichirent, tout comme eussent pu le faire les vérités les mieux démontrées. Ces théories étaient d'une adorable simplicité : il niait carrément la possibilité d'une guérison. Partant de là, il s'attachait à démontrer qu'après deux ou trois « cruautés » inévitables, la bonté, la douceur réussissaient mieux avec les aliénés que les coups de poing ou les coups de bâton, fort en usage au siècle dernier, ainsi qu'en eussent au besoin témoigné les épaules royales de George III. — Non, disait-il à ceux qui réclamaient ses soins, je ne me charge pas de guérir, mais je me charge de « calmer » ces pauvres malades, et c'est déjà beaucoup de gagné, croyez-moi bien.

Parmi ceux à qui s'adressait ce langage, plus d'un était surtout séduit par cette partie du programme : « Je ne me charge pas de guérir… » Ils soupiraient, levaient les yeux au ciel, acquiesçaient en gémissant à la désespérante doctrine, et s'en allaient, enchantés au fond que le parent dont la mort civile les faisait héritiers fût à jamais retenu, en vertu des *lettres de cachet* du docteur, dans cette grande bastille rougeâtre. Quant à M. X…, il prenait pour fous bons et valables tous ceux qu'on lui présentait en cette qualité. Si les parents se trompaient, tant pis pour eux ; il leur laissait l'erreur sur la conscience. Ainsi allaient les choses il y a trente ans, c'est-à-dire longtemps après l'établissement en ce pays de la religion réformée. On prétend qu'elles vont encore ainsi, — avec quelques légères atténuations, — aujourd'hui que les locomotives nous mènent à toute vapeur sur le *railway* du progrès.

Donc, quand on lui amenait un nouveau « malade, » le docteur tenait essentiellement à l'examiner seul à seul. Les plus violents ne lui faisaient pas peur. Dans cette première conférence, la plupart manifestaient des dispositions insubordonnées. Intrépide et robuste, le docteur marchait alors sur le rebelle, et d'un coup de poing l'étendait à ses pieds. Quelques-uns essayaient de se relever, de lutter, mais ils avaient affaire à un athlète consommé : pas un qui ne fût en définitive complètement vaincu et réduit. Une fois sa suprématie physique et morale ainsi établie, le docteur redevenait le meilleur garçon du monde, et procédait en toute loyauté au triage de ses « sujets. »

Son établissement comprenait pour ainsi dire trois provinces distinctes, qu'il appelait en riant ses *trois royaumes* : pour les furieux, le donjon, sans trop d'air ni de lumière ; au rez-de-chaussée, les désobéissants, les agités ; au second et troisième étage, les mélancoliques et les satisfaits, — en un mot les classes paisibles. Un système équitable de promotion graduée faisait passer de l'une à l'autre division, c'est-à-dire d'un étage à l'autre, ceux qui s'en montraient dignes par leurs progrès vers l'état de « calme » où le docteur prétendait les amener tous peu à peu. Quant à franchir cette limite et à s'élancer du troisième étage pour reprendre son rang dans le monde extérieur, ceci était tout bonnement impossible. Que fût devenue, à ce compte, la théorie du bon docteur sur les guérisons impossibles ? Que fussent devenus ses excellents rapports avec les héritiers par suite de mort civile ?

Tout naturellement on descendait en vertu de la même loi, et du rez-de-chaussée on allait parfois au fin fond des donjons souterrains, où l'on demeurait tant que la fureur n'était pas calmée, ce dont s'assurait chaque jour le docteur en causant avec les furieux, — à travers les grilles, bien entendu. Beaucoup, une fois plongés dans ces cachots souterrains, n'en sortaient plus. De fait, sous le règne de M. X..., ces espèces de puits étaient toujours à peu près pleins, et un grand nombre d'aliénés y étaient déjà morts, qu'on avait pieusement logés en terre sainte, dans un petit cimetière annexé à l'établissement.

Un soir de Noël, au milieu de ces grandes landes désertes sur lesquelles passaient en gémissant des rafales chargées de pluie, la grande maison rouge prit un aspect inusité. Toutes ses fenêtres étincelaient. On voyait derrière les rideaux s'agiter des silhouettes sautillantes. Longeant de près les murailles, vous eussiez entendu vaguement de joyeuses musiques, et les parquets craquer en cadence sous les pieds des danseurs : phénomène étrange dans un hospice d'aliénés.

Le fait est que le docteur, pris d'une curiosité toute scientifique, hasardait une expérience absolument nouvelle : il donnait à ses malades une soirée dansante ; je veux dire à ceux du second et du troisième étage, réunis ainsi pour la première fois depuis leur entrée dans l'établissement, et fort étonnés de l'aventure, à ce qu'il paraissait. Tous ou presque tous appartenaient aux classes distinguées de la société ; tous ou presque tous avaient gardé quelques traditions du monde élégant, et le docteur X... avait pensé qu'un appel ne serait peut-être pas fait en vain à leurs instincts, à leurs souvenirs. En conséquence, et par manière, d'épreuve, il les avait invités à venir danser, faire de la musique et jouer aux cartes dans un grand salon décoré, illuminé tout exprès pour la circonstance.

Il faut bien le dire, le succès de cette expérimentation se faisait attendre. Habitués à vivre très strictement séparés les uns des autres, les invités des deux sexes semblaient mal à l'aise, se regardant avec des airs effarés, et faisant bande à part dès que le docteur ne les contraignait pas, en organisant les quadrilles, à se donner la main et à se parler. Ils savaient fort bien les uns et les autres en quel endroit ils étaient, et la présence même de leur hôte, le souvenir de ses « rigueurs salutaires, » le leur eussent rappelé au besoin. En somme, ils se repoussaient au lieu de s'attirer, les hommes ayant honte, les femmes ayant peur. Ceux-là seuls semblaient n'éprouver aucune gêne qu'on avait pu convoquer à faire partie de l'orchestre, et à qui on ne laissait pas un moment de repos. Le docteur, lui, sans cesse sur pieds, sans cesse allant d'un côté ou d'autre, plaisantait, riait, faisait le galant auprès des dames, animait, égayait, entraînait les cavaliers, bruyant, causant, jovial au possible, mais très inquiet au fond d'avoir tant risqué.

Sans cette réserve qui tenait les hommes et les femmes obstinément séparés aux deux extrémités du salon, sans mistress X…, qui, boudant sur un des sofas, n'avait aucunement l'attitude accueillante et gracieuse d'une maîtresse de maison, — cette salle de bal, enguirlandée de houx, eût ressemblé à tout autre salon où trente personnes du monde auraient été réunies pour passer une soirée d'hiver. Ajoutons cependant, comme différence assez notable, les gardiens de la maison, — six robustes gaillards assis dans l'antichambre avec leurs gourdins plombés, — et qui, après avoir furtivement, chacun à son tour, étudié l'aspect général de la fête, s'entre-regardaient de temps à autre avec des grimaces significatives. Ce soir-là, ils avaient en fort petite estime l'intelligence du grand aliéniste.

Depuis une heure, le malheureux docteur s'évertuait, en nage et tout essoufflé. S'essuyant le front, il vint s'asseoir enfin auprès de mistress X…, et là cherchait une honnête issue à cette situation qu'il avait voulu affronter. — Vous voyez, lui dit sa grondeuse moitié, vous voyez qu'ils ne comprennent rien à tout ceci. Laissez-moi emmener et coucher les dames. — Non, répondit le docteur, s'acharnant à son idée… Ils finiront par se familiariser,. Attendons, voyons encore un peu !… — Et cependant, au fond du cœur, le docteur donnait raison à sa femme.

Tous les regards étaient sur lui. Fous et folles, lui trouvant l'air contrarié, se demandaient *in petto* ce qu'il attendait d'eux. Les joueurs, d'un commun accord, se levèrent de table. Sans s'être donné le mot, les trois violons fous quittèrent leurs pupitres, et la folle qui tenait le piano interrompit son quadrille pour regarder, elle aussi, le docteur. Restait un violon raisonnable, mais aveugle, qu'on avait loué pour la soirée, et qui, las, rebuté de faire sa partie dans un concerto où chacun jouait un air différent, cherchait vaguement de la main une bouteille absente, tout en se promettant de ne pas se griser pour ne point s'égarer ensuite dans les landes qu'il avait à traverser avant de rentrer chez lui.

Le silence s'était fait, — silence désagréable et gênant.

Un jeune homme s'avança tout à coup. Sa tête offrait d'étranges protubérances ; ses yeux noirs avaient un éclat singulier, et son regard, même au repos, menaçait. Élancé, de belle tournure et puissamment musclé, -il avait pourtant cette démarche incertaine et *déviante* qu'on remarque assez ordinairement chez les aliénés.

— Docteur, dit-il avec un sourire et une inclinaison de tête fort respectueuse adressée à la maîtresse de la maison, quelques personnes m'invitent à chanter... Vous savez qu'au régiment je passais pour avoir une voix magnifique... Permettez-vous ?

— Comment donc ? s'écria M. X..., se redressant tout ranimé. Avec plaisir, mon bon ami... Que n'y avons-nous songé plus tôt ?... Chantez, mon cher, chantez tant que vous voudrez !

Le jeune musicien, — qu'on désignait dans la maison sous le titre du « capitaine, » — exprima sa reconnaissance par un nouveau sourire. — Je vais donc, reprit-il, vous dire un air guerrier,... un air écossais... Ces airs-là vont à mon ancienne profession...

Les hommes aussitôt vinrent se grouper autour du sofa. Le docteur alla lui-même chercher les dames, qui se tenaient sur la réserve, et quand ce remue-ménage eut cessé : — Çà, dit le chanteur, il me faut le costume de mon rôle... Voudriez-vous, miss, me prêter un moment votre écharpe ?...

Il s'adressait à une jeune fille de complexion délicate, et dont le regard vague indiquait une sorte d'imbécillité paisible. — Merci, continua le « capitaine. » Et vous, docteur, passez-moi votre canne à pomme d'or... Nous supposerons que c'est une épée... Fort bien, maintenant !... J'ai mon tartan autour des reins, je tiens en main ma *claymore*... Par le Dieu vivant, me revoilà soldat de la tête aux pieds !...

Il se mit, après cette exclamation, à marcher de long en large dans le salon, la tête baissée, absorbé dans ses réflexions, et se frappant parfois le front, comme pour évoquer un souvenir rebelle. Ce souvenir, à la traverse duquel s'interposaient de nouvelles pensées, parut lui être rendu tout à coup. Il s'arrêta soudain. Sa physionomie rayonna, ses regards s'animèrent, et d'une voix vibrante, — avec une sorte de cri sauvage qui fit tressaillir dans leur obscur abri les six gardiens étonnés, — il entonna le fameux chant de guerre des *compagnons de Wallace* :

Scots wha hae wi' Wallace bled…

Tout en chantant, il marchait, il gesticulait, dominé sans doute par l'illusion poétique, et se croyant au milieu des scènes sanglantes dont la vieille ballade a perpétué la mémoire. Évidemment un accès de fureur se déclarait ; il était aussi complètement fou que le jour de son entrée dans l'établissement, et ce jour-là on l'avait emmené tout droit aux donjons. Lorsqu'entre deux couplets il se proclama Robert Bruce [3], — *le* Bruce, comme il disait, — le docteur sentit un frisson lui courir dans le dos. Il se souvenait que, lors de leur première entrevue, *le* Bruce l'avait apostrophé en le qualifiant « d'orgueilleux Edward [4]. » C'était donc bien un retour de l'ancienne manie. Oui, c'était bien cela, car le fou furieux venait de s'arrêter en face du docteur, qu'il foudroyait de ses regards : or entre le docteur et la porte la masse des assistants formait barrière.

Mais M. X… ne s'intimidait pas facilement : — il regardait son malade entre les deux yeux, comptant bien le dominer ainsi. Le chant guerrier cependant agissait sur les autres insensés. La contagion les gagnait ; le sang leur montait à la tête. Mistress X,… déjà presque évanouie, s'était renversée sur le dos du sofa. Les folles semblaient satisfaites, et, toujours debout, du pied battaient la mesure.

« Il faut pourtant que cela finisse, » pensa le docteur, et il se leva… très tranquillement. À ce moment même, l'insensé qu'il avait en face de lui crut voir se dresser « l'orgueilleux Edward. » La canne à pomme d'or, — pomme plombée par malheur, — cette canne que le docteur appelait son « sceptre, » — s'abattit sur sa tête chauve qui rendit un affreux craquement d'os brisés. Le coup avait porté juste ; le docteur X… tomba mort, et *le* Bruce continua son chant :

« Couchons par terre le fier usurpateur ! — Chaque ennemi qui succombe, un tyran de moins ! — Dans chaque coup, une liberté !

— Sachons triompher ou sachons mourir [5] ! »

Et il avait, en déclamant ceci, un pied sur la poitrine du cadavre. Aussi l'air s'emplissait-il de folie ; les autres insensés rugissaient en chœur le refrain de la ballade. Ils avaient pris le drame au sérieux, et la mort du docteur leur semblait toute naturelle. C'était bien là « l'orgueilleux Edward. » Il venait de leur laisser entrevoir la liberté après les avoir cruellement tenus sous son joug de fer.

La femme du docteur s'était enfuie en poussant des cris aigus. Les gardiens entrèrent aussitôt, — hésitèrent, épouvantés, — puis vinrent se ranger auprès du cadavre, dont les fous s'étaient écartés, toujours chantant et gesticulant. Une fois là, ils ne savaient trop que faire. « Les bâtons ! » dit enfin le gardien-chef, et trois de ses hommes sortirent pour aller les prendre dans l'antichambre. *Le* Bruce, qui maintenant hurlait son chant de guerre avec un redoublement de haineuse emphase, surprit pourtant cet ordre donné à demi-voix, ou plutôt il le devina sur la physionomie des gardiens. Par un bond de tigre, il s'élança sur les pas de ceux qui sortaient. Juste ciel !… il venait de pousser les verrous massifs de cette porte solidement charpentée. Et il ne restait que trois gardiens dans le salon, — trois gardiens au milieu de quinze fous !

Seul, *le* Bruce était armé. Brandissant sa lourde *claymore* et le dos appuyé à la porte qu'il venait de fermer, il défiait les Anglais et appelait toute l'Ecosse autour de lui. « L'Ecosse » accourait se ranger sous son drapeau. Les femmes avaient sagement battu en retraite, et dans deux petits boudoirs adjacents jouaient aux cartes, ou regardaient d'un air rêveur cette scène tumultueuse, qui ne leur disait absolument rien.

Ce fut pour les gardiens un moment de terrible angoisse. « Brisez la porte ! » cria le chef. À cet ordre répondirent des coups violents, en vain frappés sur cette porte aux ais robustes, et un autre cri, parti de l'antichambre : « Ouvrez donc, vous autres !… » Ici les chants cessèrent tout à coup.

Le Bruce comprenait parfaitement ses devoirs et sa responsabilité comme général en chef. Il était redevenu calme et presque sérieux. Un des fous, — un vieillard, — grimpa sur une chaise, et on le vit s'emparer d'un bâton de rideaux. La seconde d'après, trois piques étaient ainsi improvisées. *Le* Bruce, du doigt, indiqua la cheminée, et en un clin d'œil une demi-douzaine de barreaux de fer passèrent entre les mains des « Écossais. » Déconcertés et stupéfaits, les gardiens n'osaient plus bouger. L'ennemi prenait sur eux un ascendant bien marqué. Cependant le vacarme, dans l'antichambre, devenait de plus en plus effrayant. On battait la porte maintenant avec quelque objet plus lourd que des bâtons plombés. *Le* Bruce reprit sa chanson ; le chœur lui répondit de plus belle. On se jeta sur les trois gardiens. Ils moururent comme des hommes… — ou comme des rats.

La porte enfin céda. Deux domestiques étaient accourus à l'appel des trois gardiens isolés à l'extérieur du salon ; mais les fous avaient la tête montée. Leurs antagonistes manquaient d'armes à feu, et ils avaient encore, eux, une grande supériorité de nombre. Les gardiens en avaient assommé deux, pas davantage, et ces deux étaient déjà vengés. Chaque gardien tombé à terre y restait, foulé aux pieds, rompu à coups de bâton ou de barre. L'un des survenants prit la fuite, et *le* Bruce de courir après lui. Le malheureux descendit jusque dans la cour, espérant de là gagner la lande ; mais il fut rejoint. Une lutte s'engagea. *Le* Bruce le traîna jusqu'à l'orifice d'un puits, où il l'introduisit, plié en deux, puis il le poussa,… et de celui-là on n'entendit plus parler.

Bref, en cette soirée de Noël, le grand bâtiment perché sur les collines du Surrey fut assiégé, et pris par une petite armée de fous qui en demeurèrent les maîtres absolus.

Section II

Le Bruce prit le commandement de la forteresse. Il fit tout d'abord clouer les portes et les fenêtres, et les servantes, qu'on avait trouvées dans les cuisines, à moitié mortes de peur autour de leur maîtresse évanouie, furent emmenées prisonnières dans la salle de bal. Les folles les y accueillirent fort poliment, et quelques-unes de ces dames, entrant de plain-pied dans la fiction du moment, se constituèrent en cour écossaise du moyen âge. Celles qui avaient tout simplement « l'esprit un peu faible » étaient trop effrayées pour accepter un rôle dans cette parade. Les imbéciles n'éprouvaient pas la moindre peur. Quelques-unes riaient aux éclats. « Qu'on serve le festin ! » s'écria *le* Bruce, et on s'empressa de mettre le couvert. Les éléments d'un souper étaient réunis déjà dans une des pièces attenantes au salon. « Qui connaît le chemin des caves ? — Moi ! moi ! — Partez donc, rapportez du vin à votre monarque, et nous boirons à notre victoire… Prenez place, mesdames !… La beauté, dans nos banquets, a droit de cité, comme le courage… »

On traîna dehors, sans autre cérémonie, les cadavres du docteur et des gardiens. Sa majesté *le roi* Bruce fit garder à vue les femmes attachées au service de l'établissement, et par son ordre elles donnèrent quelques soins aux blessés. Environ trente fous ou folles siégeaient au banquet royal. Si quelques-unes de ces dames négligèrent l'étiquette quand les bouteilles eurent plusieurs fois circulé, personne n'en sera surpris, et on leur trouvera aisément des excuses. Jamais, je crois, pareil *symposium* ne s'était vu depuis que le monde est monde.

Dans ce qui n'était auparavant qu'une foule, les individualités commencèrent à se faire jour. Il y eut d'autres rois que Robert Bruce, et on se mit en besogne d'alliances diplomatiques entre les divers souverains. Nous savons du reste comment se passent les choses dans toute maison de fous. Ainsi allaient-elles en cette soirée. Tous les convives n'étaient pas très versés dans les anciennes chroniques d'Ecosse, et *le roi* Bruce avait grand'peine à inculquer leurs noms historiques dans la tête de ses « chevaliers. » A mesure qu'il buvait, ses ordres devenaient trop péremptoires. Il y eut des protestations, car les autres buvaient aussi. La conversation s'échauffait à faire peur. Les femmes chantaient, riaient, et parfois poussaient des cris féroces.

Un vieillard, assis en face de Bruce, à l'autre bout de la table, se leva et demanda la parole au *speaker*. Le malheureux avait toujours eu pour idée fixe de prononcer un discours à la chambre des communes. Il obtint un succès d'étonnement et quelques secondes de silence. Tous les regards se tournèrent vers lui, et les fous qui l'écoutaient, discernant fort bien sa folie, voulurent s'en égayer. *Hear ! hear* ! murmurait-on de tous côtés.

« Monsieur le *speaker*, reprit gravement l'orateur, je ne crois pas abuser des moments de la chambre en lui répétant ce que le docteur m'a dit bien des fois, — et nullement sous le sceau du secret, car il avait, Dieu merci ! la voix assez haute, — à savoir que les trois pouvoirs sont représentés en cet établissement… (*Hear ! hear !* reprirent les fous.) Eh bien ! monsieur, sans provoquer à ce sujet un vote en forme, je demanderai pourquoi les trois pouvoirs ne sont pas représentés à ce souper… »

La question porta ; elle souleva des applaudissements unanimes. Hommes et femmes se ruèrent à l'envi hors de la salle et se répandirent sur l'escalier. Ils allaient ouvrir les donjons, ils allaient déchaîner les animaux féroces !… Les sentinelles y coururent comme les autres, de telle sorte que les servantes captives purent s'échapper par un escalier dérobé ; elles s'enfuirent, la tête à peu près perdue, à travers les landes désertes. *Le roi* Bruce avait été le dernier à se lever de table. Il était couronné de houx, et l'ivresse doublait sa folie. — Laissez-moi me mettre à votre tête ! criait-il, agitant sa claymore ; mais personne ne l'écoutait. On entendait, dans les appartenons inférieurs, les hurlements des convives, mêlés de chansons et de rires bruyants. Bruce n'avait plus qu'à les suivre, et il les suivait.

Comme il longeait le corridor d'un pas incertain et vacillant, les veines en feu, le regard ébloui, une jeune fille posa la main sur son bras. C'était justement celle dont, au moment de chanter, il avait revêtu l'écharpe. Des parents qui se disaient « fort malheureux d'en arriver là » l'avaient placée à l'hospice comme tout à fait idiote. Elle ne l'était qu'à demi, et les soins éclairés du docteur l'avaient presque rendue à la raison. Bien qu'elle n'eût pas compris grand'chose à tout ce qui venait de se passer, une horreur instinctive l'avait fait se tenir à l'écart. Personne ne l'ayant appelée à prendre part au banquet, elle en était restée simple spectatrice. Le docteur cependant lui avait quelquefois parlé des « donjons, » et ses discours lui avaient laissé l'impression qu'ils étaient habités par des êtres immondes et redoutables. Aussi avait-elle pris peur en voyant qu'on se précipitait ainsi de ce côté. Maintenant elle tremblait comme la feuille. D'un autre côté, la belle physionomie du *capitaine*, ses chants, sa royauté d'un quart d'heure, l'avaient vivement émue : elle se sentait attirée vers lui plus que vers tout autre, et venait affectueusement lui offrir quelques conseils.

Il la reconnut immédiatement, et dans les grands yeux noirs qu'il tenait arrêtés sur elle, une singulière expression de plaisir se peignit bientôt de plus en plus vive. Elle n'avait pas compté là-dessus ; mais aussi le savait-elle fou à ce point ? Une idée bizarre venait de traverser la cervelle du *roi* Bruce : *sa majesté* songeait à se marier. Or il y avait justement un ecclésiastique dans la maison. Son évêque et sa femme l'y avaient fait enfermer de bon accord, sous prétexte que ses vues sur « la régénération par le baptême » (vues qu'on a depuis lors appelées *puseyites*) prouvaient clairement son infirmité cérébrale. Il est vrai d'ajouter que ses façons d'agir et sa conduite venaient à l'appui de cette assertion hasardée et justifiaient presque la *lettre de cachet* médicale. Il avait toute la mine d'un franc imbécile. *Le* Bruce réunit à la hâte une petite assemblée de gentilshommes et de dames d'honneur que l'idée d'une noce charma tout à coup et mit hors d'eux-mêmes, — ceci se voit parfois chez les gens raisonnables, — et la jeune fille, plus tremblante que jamais, lui fut donnée pour femme, selon tous les rites de la religion anglicane. On se remit à table pour le festin des noces.

Les magistrats cependant rassemblaient tout leur courage et toutes les troupes disponibles pour marcher contre la forteresse gardée par les fous. Deux journées entières leur suffirent à peine pour les préparatifs de l'entrée en campagne ; mais, dès le second jour, il y avait eu grande bataille au sein de la garnison. Les démons des donjons, une fois déchaînés, déclarèrent la guerre au Bruce. La grande maison fut incendiée pendant le conflit, et beaucoup de ceux qui s'y trouvaient enfermés périrent dans les flammes. *Le* Bruce, s'étant échappé à temps avec sa femme, erra trois jours durant de colline en colline ; mais il avait reçu de graves blessures, et s'alla réfugier dans une ferme où une hémorragie que l'on ne sut pas arrêter le fit mourir peu à peu. On dut appeler un médecin pour la combattre, et ceci fit découvrir le *capitaine*, ainsi que la jeune fille ou femme qui, brûlée elle-même, couverte de meurtrissures et pour le coup à peu près folle, le soignait cependant avec un dévouement infatigable. Il paraît qu'au moment d'expirer — et, comme on dit, la mort entre les dents, — *le* Bruce appela près de lui cette malheureuse enfant pour murmurer à son oreille, d'une voix enrouée qui donnait la chair de poule, ce vers de la ballade écossaise :

Welcome to your gory bed.

« Bienvenu dans votre couche ensanglantée. » — Ce qu'il y eut de bizarre et d'imprévu, c'est que la jeune victime de cet hymen monstrueux, au lieu de l'exaspération qu'on pouvait redouter pour son état mental, se montra dès lors parfaitement calme et facile à conduire. Elle fut soignée et guérie, dans la ferme en question, par une belle dame venue tout exprès de Londres, qui semblait lui être passionnément attachée, et la crut toujours, en dépit de tout, moins malade qu'on ne la disait.

Cette *lady*, — une mignonne *brunette*, disait le fermier, — était miss Dasert, de Beechton (Staffordshire), alors orpheline jeune et charmante, mais qui portait le deuil depuis le jour où notre fameux Bruce, son fiancé, avait perdu la raison. Elle finit par adopter la « veuve » de l'amant qu'elle avait ainsi perdu. Et quand l'infortunée jeune personne mourut en donnant le jour à une fille, cette enfant fut adoptée par miss Dasert, qui l'a laissée depuis, — vingt-cinq ans plus tard, — en possession du beau domaine de Beechton et de cinquante mille livres sterling placées dans les fonds publics. Le testament la désignait simplement sous le nom de « Mary Dasert, ma fille adoptive, » et ne mentionnait aucun des faits relatifs à sa naissance ; mais, comme vous allez voir, *magna est veritas, et prœvalebit*. La lumière finit toujours, — non, pas toujours, mais très souvent, — par se dégager des ténèbres, et quelquefois fort mal à propos.

Au fait, j'anticipe sur les événements. J'aurais dû vous dire tout simplement que miss Dasert, se condamnant à jamais au célibat et se vouant à l'éducation de l'orpheline, de la fille de ce *roi* Bruce qu'elle avait tant aimé, l'éleva, jusqu'à sa dix-huitième année, dans l'ignorance la plus absolue des circonstances tragiques auxquelles elle devait d'être au monde. Aux personnes qui, dans des vues matrimoniales, venaient s'enquérir de la jeune *lady*, elle répondait invariablement : « Mary est la fille d'une de mes amies les plus chères. Son père et sa mère sont morts pendant qu'elle était encore au berceau… » Puis elle donnait de faux noms et déroutait ainsi toute recherche ultérieure. À coup sûr, tout ceci n'était pas conforme aux règles strictes de l'honnêteté. Miss Dasert cependant, honnête jusqu'au bout des ongles, et qui plus est très sincèrement religieuse, ne se faisait à cet égard aucun scrupule et n'éprouvait aucun remords de conscience. Et quand elle apprit que bien des gens, à bout de suppositions, lui attribuaient sur la jeune Mary des droits maternels incompatibles avec le chaste célibat qu'elle avait toujours gardé : « Voilà, s'écria-t-elle, la justice du monde ; heureusement il y en a une autre… »

Section III

Et maintenant transportons-nous, si vous le permettez, dans une cité allemande que nous appellerons du premier nom venu, — Footunder par exemple, — celle de toutes les villes germaniques où on parle le plus pur tudesque, et où se sont le mieux impatronisées les traditions de la cuisine anglaise, grâce à feu son altesse royale le duc de G…, jadis vice-roi de ce pays charmant, lequel se chargea de les inculquer aux marmitons de la couronne [6]. Pour l'une ou l'autre de ces raisons, — peut-être pour toutes deux à la fois, — la *mère*, la tutrice de Mary Dasert, y avait conduit cette pupille bien-aimée, alors âgée de dix-huit à dix-neuf ans. Elles habitaient tout simplement une maison meublée, la plus élégante de la ville, et pourvue d'un magnifique jardin. Là vint débarquer, pendant leur séjour, un beau jeune Anglais, blond, mince, poétique, — tel qu'on représente Milton à vingt ans, — et qui, arrivant de Londres, se rendait à l'université de Bierberg. Il voulait, avant d'affronter les railleries de ses futurs camarades, se prémunir de quelques phrases bien rédigées et le moins mal prononcées qu'il lui fût possible. C'est pour cela qu'il faisait halte quelques jours dans la capitale du royaume. Sa chambre arrêtée, et quand il eut distribué des coups de chapeau à tous ceux que le hasard amena sur sa route, il descendit pour flâner une demi-heure dans ce beau jardin dont les ombrages tentaient sa tristesse et son ennui solitaires.

Il n'y était pas depuis dix minutes, quand un fort joli spectacle attira ses regards. C'était, perchée comme un oiseau sur une branche de cerisier, la plus adorable petite blonde que jamais il eût eu la chance de rencontrer. Elle croquait des cerises avec un zèle, une assiduité admirables, sans remarquer assez qu'elle laissait voir, de la façon du monde la plus choquante, les fines attaches de son pied, même la naissance de sa jambe et la couleur rose-thé de ses bas de soie. Sa chevelure tombait en ondes épaisses et passablement en désordre sur la blanche mousseline qui recouvrait ses épaules, et que tigraient çà et là quelques gouttes de jus de cerise. Les branches de l'arbre avaient accroché plusieurs mèches de ses beaux cheveux, qu'elle cherchait de temps en temps à dégager par des mouvements empreints d'une grâce mutine. Quand elle aperçut à son tour l'étranger, elle le dévisagea tranquillement, hardiment, laissant de ses yeux gris partir deux rayons purs et joyeux. Saxon Wornton, — celui que vous appelez maintenant lord Slumberton, — en me racontant cette matinée mémorable, me disait qu'il s'était cru un moment devant quelque toile splendide enlevée à un musée d'Italie. Il pensait à mille autres choses plus impossibles encore.

— *Wollen sie* [7] ? lui dit en allemand la jeune fille après un long examen qu'aucun embarras n'avait paru contrarier. Et elle lui tendait, du haut de son arbre, un bouquet de cerises vermeilles, pensant que lui aussi les trouverait excellentes.

Elle le croyait Allemand, tout comme il la croyait Allemande.

— *Can't speak german* (je ne parle pas allemand), répondit-il en secouant la tête.

— Bonté divine ! s'écria-t-elle,… un Anglais ! Quelle ravissante aventure !… — Puis, cessant de manger et s'assurant sur son perchoir : — Excepté le desservant de la chapelle royale (ceci se passait du temps d'Ernest, fidèle adhérent au culte professé par son père George III, et qui ne mettait jamais le pied dans les églises luthériennes hantées par ses fidèles sujets),… excepté le chapelain, et la chapelaine, voici tantôt six mois que je n'avais adressé la parole à un Anglais…

Saxon Wornton ne savait trop que dire. À l'âge qu'il avait alors, les *gentlemen* sont peu à leur aise avec les *ladies*. Plus tard, on s'y fait ; mais l'épouvante qu'un jeune homme éprouve tout d'abord à l'aspect d'une jolie femme devrait bien, quand il arrive à maturité, le protéger contre la tentation.

Tout en renouant sa chevelure, la belle enfant continuait à dévisager le *student* britannique. — Çà, reprit-elle quand elle eut fini, vous m'allez descendre. Minna ne saurait tarder à venir ; mais je ne veux pas rester ici plus longtemps… C'est Minna qui m'a aidée à monter…

Aucune timidité, aucune gêne. Pour la mettre à terre, il dut l'entourer de ses bras, comme Paul jadis, quand il aidait Virginie à traverser le ruisseau ; mais dès que ses pantoufles brodées touchèrent le sol : — Merci ! lui dit-elle simplement. Vous êtes plus fort que Minna... Suis-je bien lourde ?...

Lourde ? allons donc ! N'était-il pas trop heureux de rencontrer une compatriote ?... Et si belle encore !...

— Oui, reprit-elle, on dit que je suis jolie. Vous voir de cet avis m'est un vrai plaisir... Comment vous trouvez-vous ici ?...

Il s'expliqua. Il ne faisait que d'arriver. Le commissionnaire du *British Hotel* l'avait amené. Quelle bonne chance !...

— C'est vrai... J'en suis aussi très contente... Maman le sera tout comme moi. Rentrons,... voulez-vous ?

— Comment donc ?... Vous offrirai-je le bras ?

— Oh !... à Footunder, ceci n'est pas de mise. On nous prendrait pour deux amoureux *engagés* l'un à l'autre.

— Ma foi ! s'écria le jeune homme dans un élan de franchise,... je donnerais gros pour que cela fût !...

— En vérité ?... Comme c'est singulier !... Moi aussi, je ne demanderais pas mieux... Allons voir ce qu'en pense maman...

Saxon demeura tout étourdi, et sentit le sang lui monter aux joues. Au fait, voyez-le d'ici en face d'une jeune personne qu'il ne connaît que depuis cinq minutes, et qui reçoit, qui accepte comme proposition de mariage un compliment lancé à la volée. De plus, — circonstance fort aggravante, — il fallait immédiatement comparaître par-devant la maman de cette jeune personne. Sa première impulsion fut de quitter l'hôtel, et à toutes jambes ; mais il était aventureux par caractère, et résolut de voir où cette affaire aboutirait... Peut-être bien, après tout, ne résolut-il rien de pareil. Toute initiative lui manquait. Nous parlons toujours de « résolutions prises » quand il n'y a, au fond, qu'événements subis par nous.

Elle marchait à côté de lui par les longues allées, regardant beaucoup le sable jaune, mais beaucoup aussi le visage du jeune *gentleman*. Cette belle figure anglaise aux fins linéaments, aux riches couleurs, était une nouveauté pour elle. Avant qu'ils ne fussent arrivés au perron de l'hôtel, elle lui avait pris le bras.

— Voyons, lui chuchotait-il à l'oreille, ne vaudrait-il pas mieux ajourner cette démarche auprès de votre maman ?… Elle sera fort étonnée, savez-vous ?

— Oh ! certainement,… très étonnée, lui répondit-on avec beaucoup de calme et sans aucun sourire… Mais naturellement je lui dirai tout…

Jamais M. Wornton n'avait rien vu de pareil à l'assurance de cette demoiselle. Il en était de plus en plus abasourdi. Nos jeunes gens entrèrent à l'hôtel, montèrent au premier étage, et arrivèrent ensemble dans un salon où se tenait une dame, déjà d'un certain âge, en rigoureux demi-deuil. Il y a des femmes qu'on ne se figure pas autrement que dans ce costume, tant il est approprié à leur tournure : elle était de ce nombre, avec sa petite taille un peu courbée, ses yeux d'un noir brillant, son abondante chevelure mi-partie ébène et argent que surmontait un bonnet orné de rubans d'un bleu d'ardoise. Avec cela, de longues mains blanches. Elle tenait une plume, et copiait de la musique.

La jeune personne alla droit à elle et la baisa au front. — Maman, dit-elle ensuite, voici un jeune *gentleman* qui arrive d'Angleterre, et qui est descendu ici. J'ai eu grand plaisir à le voir, et j'ai pensé qu'il en serait de même pour vous… Il prétend qu'il voudrait bien *s'engager* à moi…

Après ce beau discours, elle s'assit sur un tabouret aux pieds de sa maman.

— S'engager à vous ?… Que signifie ?… Veuillez, monsieur, m'apprendre qui vous êtes et ce que vous avez dit à ma fille…

La *maman* s'était levée dans un premier mouvement de surprise, et quand les dames sont déconcertées, elles ont aussitôt l'air de personnes qui vont prendre la mouche. Saxon était tout à fait tenté cette fois de dégringoler au rez-de-chaussée. Il comprenait qu'il avait tout l'air d'un sot ; et ceci l'humiliait profondément. Jamais il n'avait affronté une petite dame si imposante,… imposante par son air tout à fait comme il faut.

— Vraiment, madame,… je ne sais comment cela est arrivé… Je ne songeais point à mal, je vous assure… J'ai prêté assistance à mademoiselle votre fille, qui voulait descendre d'un arbre… Et son extrême franchise,… charmante d'ailleurs,.. m'a peut-être rendu indiscret.

— Mais enfin, monsieur, qui êtes-vous ?

— Mon nom, madame, est Saxon Wornton… Mon père est M. Wornton, de Wornton-Hall, Staffordshire. J'arrive justement de Hambourg et me rendais à Bierberg. Voici, madame, les lettres qui m'accréditent auprès de M. Blind, notre ministre plénipotentiaire.

— Votre parole à cet égard me suffît, reprit la petite dame sur un ton beaucoup moins sévère. Puisque vous êtes le fils de M. Wornton, votre grand-père a été un des *trustees* [8] de ma fortune. Nous sommes par conséquent amis intimes. Il est bien étrange que nous nous soyons ainsi rencontrés… Maintenant expliquez-moi ce qui vous a pris de vous proposer ainsi à ma fille… Il ne se peut point que vous la connaissiez depuis plus d'une demi-heure… Il n'y a pas ce temps-là qu'elle a quitté ce salon pour descendre dans le jardin… C'est véritablement la chose la plus inouïe !… Comment donc tout cela s'est-il passé ?

— Je… je ne sais pas… Il me semble que je n'ai pas cru… Certainement je n'aurais pas eu l'impertinence,… de but en blanc, à première vue… C'était un compliment, et pas autre chose…

La jeune personne ici quitta des yeux le visage de sa nouvelle connaissance, et, se tournant du côté de sa mère, lui répéta mot pour mot ce que Saxon avait dit, ce qu'elle lui avait répondu.

— Mais, chère petite, c'est très mal !… Quel absurde enfantillage !… Et, voyons un peu, monsieur, quel âge avez-vous ?

— Bien près de dix-huit ans, madame.

— Miséricorde !… vous êtes plus jeune qu'elle !…

À ces mots, prononcés avec un sourire, la situation s'éclaircit. La dame âgée était évidemment fort égayée par cet incident inattendu.

— Quelle paire d'innocents !… reprit-elle. Allons, monsieur, asseyez-vous, et causons ! ., Savez-vous qui nous sommes ?

— Je n'ai pas cet honneur, répliqua Saxon, qui prit un fauteuil, et se sentit beaucoup plus à l'aise.

— La bonne folie !… Vous demandez sa main à une jeune personne dont vous ne savez même pas le nom ?… Voilà ce qu'on peut bien appeler « un coup de foudre ! » Vit-on jamais rien d'aussi absurde ?…

Et la bonne dame riait aux larmes. Saxon se mit à rire, lui aussi. La jeune personne était toujours très sérieuse. — Ah çà ! maman, dit-elle d'un ton fort délibéré, vous m'avez souvent dit que le premier amour était le plus sincère de tous. Vous ne songez qu'à m'établir. Si M. Saxon Wornton… (elle avait fort bien retenu le nom), si M. Saxon Wornton désire m'épouser, et si ce projet m'est agréable, pourquoi vous en moquer ?…

Les deux rieurs redevinrent aussitôt fort graves.

— Veuillez, ma chérie, vous retirer quelques instants chez vous…

— Oui, maman… — Et elle se leva. Il se leva aussi, et elle s'avança vers lui pour lui tendre une main qu'il saisit et serra galamment, mais avec un certain trouble ; puis elle sortit.

Miss Dasert (je parle de la plus âgée) n'était point ce qu'on appelle « une femme du monde. » La conduite de sa fille, de son élève pour mieux dire, l'étonnait un peu, mais ne la choquait guère. Elle n'y voyait rien qui dût scandaliser personne, et n'avait pas conscience de l'étourdissement dans lequel Saxon était plongé. Bonne personne et un peu timbrée, cette chère miss Dasert !

— Vous comprendrez sans peine, dit-elle au jeune homme de plus en plus ébahi, que je ne puis admettre aucun entretien sur ce qui vient de se passer avant que vous ne vous soyez complètement renseigné à notre sujet. Vous n'avez qu'à demeurer ici pour en savoir long sur nos façons de vivre, et vous trouverez toujours bon accueil dans cette partie de la maison, sur laquelle j'ai des droits exclusifs… Les mariages précoces, ajouta-t-elle d'un air rêveur, sont, je crois, les plus heureux… Enfin nous verrons…

Puis ils bavardèrent de mille sujets, de la maison, de ceux qui l'habitaient, de Footunder, de l'Angleterre, des Allemands en général et des étudiants en particulier, de la cuisine germanique, etc. En moins d'une demi-heure, le grand enfant avait fait la conquête de l'aimable vieille dame, et il était aux anges de lui avoir plu si vite.

Lorsque ces dames, après qu'il fut rentré dans sa chambre, s'expliquèrent ensemble sur son compte, miss Dasert l'aînée, avec une admiration toute juvénile, se déclara très enchantée de la rencontre dans le jardin, et ne dissimula ni l'admiration qu'elle éprouvait pour ce beau jeune homme, ni la confiance parfaite qu'elle avait en lui, en sa moralité, en ce qu'il avait dit de sa position sociale. Tout naturellement l'imagination de l'innocente jeune fille s'exalta de plus en plus, et, quand elle descendit à la table d'hôte, se regardant déjà comme *verlobte* (fiancée), elle réfléchissait sur ce grand événement qui allait désormais changer sa vie. À ses yeux du reste, cette transition, prévue, inévitable, n'avait rien de plus extraordinaire que tout autre développement de son existence physique et morale.

Saxon prit place à table entre ses deux nouvelles amies, qui s'occupèrent tout le temps de le servir, et que sa conversation intéressait au plus haut degré. Il avait des manières de voir si hardies, des façons de parler si originales et si piquantes ! C'était comme une langue nouvelle à laquelle s'initiait la jeune fille émerveillée. Avoir un amoureux si intrépide et si beau, quelle satisfaction, quel bonheur complet ! Cette félicité se reflétait dans les regards caressants de ses grands yeux limpides, sans cesse fixés sur lui. En son bonheur cependant elle mangeait à peine, et n'était guère polie pour le demeurant des convives. Saxon ne s'expliquait pas ce sourire concentré dans le regard, et qui ne dérangeait aucun des muscles du visage ; mais il était forcé de convenir que jamais il n'avait vu de si grands yeux.

À l'issue du repas, ils s'assirent à une table sous les tilleuls, et prirent là leur café. Saxon, sous cette ombre douce et par ce beau soir d'été, auprès d'une charmante fille vivement éprise de lui, rendit hommage intérieurement à la divine bonté. Il voyait la vie en rose, et c'était tout simple.

Puis ils se dérobèrent sous les feuillages touffus ; un bras frémissant vint, comme le serpent d'Éden, s'enrouler autour de la taille fine et souple qui se prêtait à ses étreintes. Le jeune homme pressa la jeune fille contre son cœur ; il baisa ses grands yeux et ses lèvres roses, et, le regard levé vers le ciel, où se mouraient quelques vagues clartés, il lui jura qu'elle pouvait avoir foi dans sa parole, qu'il lutterait pour l'obtenir et consacrerait sa vie à la rendre heureuse. En disant ceci, le brave garçon avait les yeux pleins de larmes. Elle le contemplait avec surprise, mais en même temps avec adoration, et, tout à fait calme, se sentait pourtant bien heureuse.

Pour que ce récit naïvement vrai ne paraisse pas trop

invraisemblable, il faut se tenir pour dit, — si incroyable que cela paraisse, — que Mary Dasert, à près de vingt ans, n'avait jamais rien su du *métier* des coquettes ni des statistiques d'amour. Elle n'avait pour l'instruire ni sœur aînée ni amies intimes. En tête-à-tête continuel avec une femme étrangère à toute sentimentalité, elle manquait absolument de théories romanesques, et marchait au bord de l'abîme avec tout l'aplomb, toute la témérité d'une complète ignorance.

Minna, qu'on envoya chercher sa jeune maîtresse, la trouva tout au fond du jardin, assise sur un banc rustique, et la tête appuyée à l'épaule de son amoureux. La pauvre femme de chambre en faillit tomber à la renverse, mais prit soin de n'ajouter aucun commentaire au message dont elle était chargée. Au fond, Minna était ravie que sa maîtresse eût un *schatz* (un chéri) ; mais comme, en des temps plus heureux, Minna se souvenait d'en avoir eu plusieurs, elle savait à merveille que les opérations du siège marchaient cette fois un peu trop grand train.

Lorsque Mary, la tête sur les genoux de sa mère, eut achevé la prière du soir, et au moment où elle posait sur l'oreiller cette tête charmante : — Ah ! maman, dit-elle, que je suis donc heureuse !… Il est si beau, si bon, si raisonnable surtout !… Je voudrais, savez-vous, dormir toutes les nuits la tête sur son épaule.

— Dispensez-vous de le lui dire avant que vous ne soyez mariés… D'ailleurs, ma chère Mary, je ne suis pas encore bien sûre de pouvoir vous donner à lui… En tout cas, il faut attendre… Songez donc qu'il est bien jeune.

— A la bonne heure ; mais, comme toujours, souffrez que je vous dise tout ce qui me passe par la tête… Eh bien ! je ne demande qu'à l'avoir près de moi… Être ce qu'on appelle *mariés*, habiter une maison à nous, ce n'est point-là ce dont je me soucie… Pour cela, j'attendrai tant que vous voudrez… Mais il faut que je l'aie avec moi, toujours, comme je vous ai : lui et vous, toujours avec moi. Tenez, maman, depuis que je l'aime, lui, je crois que je vous chéris encore davantage…

Là-dessus, la vieille demoiselle entreprit une dissertation philosophique, la meilleure dont elle pût s'aviser, sur la tendre passion d'amour et les devoirs imposés aux jeunes personnes qui en sont atteintes ; mais, à dire vrai, la pauvre fille n'y entendait pas grand'chose, et dès lors elle ne procura aucun soulagement à l'aimable « malade. » Elles étaient innocentes presque à l'égal l'une de l'autre, et en somme la plus âgée des deux était de beaucoup la plus agitée, la plus déconcertée par ce nouveau développement de leur double existence.

Section IV

Beechton, je vous l'ai dit, est une fort jolie résidence au milieu d'un assez vilain pays. Il y a bien six cents acres de domaines, y compris le parc, qui est boisé à ravir, — trop boisé, disent certains épilogueurs, — et où les hêtres surabondent. Autour de la petite maison est un vrai jardin anglais, aux cultures variées, aux riches parfums. C'est à Beechton que nous conduit le *railway*, et que nous trouverons très probablement, au débarquer, une dame d'une trentaine d'années, petite, mince et comme *réduite* par une combustion intérieure dont personne que moi n'a le secret. Elle aura sur la tête un vieux chapeau de paille qui protège mal contre les taches de rousseur son col blanc et frêle. Et ce n'est pas pour les défendre du soleil, mais des épines, que vous lui verrez aux mains ces gantelets de jardinage. La porte du parc nous sera ouverte par la bonne Minna, mariée au cocher John, et entourée d'une nombreuse progéniture, dont le *Muttersprach* (l'accent national) trahit l'origine semi-allemande. Peut-être un *gentleman* du voisinage arrivera-t-il en même temps que nous sur un beau cheval bai frémissant sous la double action du mors et de l'éperon. Vous aurez peine à reconnaître, avec cette carrure athlétique, ce teint un peu rubicond, ces épais favoris blonds, ces façons de *sportsman*, l'amoureux presque idéal de Mary Dasert. Et pourtant c'est lui. C'est M. Saxon Wornton, que le cours des années a fait le propriétaire de Wornton-Hall, une magnifique propriété. Il compte pour beaucoup dans le pays. Il y est presque l'égal de lord Linchpin ou de lord Ploughby. Ne le sait-on pas désigné pour la pairie ? Ne sera-t-il pas, à un jour donné, le baron Slumberton de Slumberton ? Depuis l'époque de sa vie où je vous l'ai fait connaître, il a commis plus d'une extravagance. Il a « semé ses folles avoines, » comme nous disons, et les usuriers juifs en ont prélevé mieux que la dîme. Il a eu ses velléités d'ambition et s'est fait nommer au parlement comme représentant d'une *country town* ; puis, n'étant pas né orateur, il s'est dégoûté du gouvernement parlementaire, et après une ou deux sessions s'est voué tout entier à l'existence patriarcale du gentilhomme campagnard. À présent, sa gourme jetée, il est excellent agriculteur, magistrat fort populaire, et dépense l'énergie qu'il a de trop pour ce rôle pacifique dans les rudes exercices du *sport*. Ce sont eux qui l'ont hâlé, rougi, épaissi, changé de tout point.

De tout point ? Non vraiment. Pour Mary Dasert, il est toujours le même. Et Mary Dasert l'aime aussi comme au premier jour. — Bon, dites-vous, que n'ont-ils légitimé par le mariage ces amours si durables ?… — Comment, maladroit, vous ne devinez pas ? Feue miss Dasert, miss Dasert *l'aînée*, venant à décéder avant que le mariage projeté par les deux jeunes gens eût pu s'accomplir sous ses auspices, avait laissé, outre le testament qui instituait Mary sa légataire universelle, un exposé parfaitement exact de la naissance et de la filiation de cette enfant adoptive. Huit jours avant la célébration des noces, retardées par le refus de M. Wornton père, qui avait rêvé pour son fils un mariage plus avantageux, Mary prit connaissance de ce terrible document, et, le mettant sous les yeux de Saxon Wornton : — Jamais, lui dit-elle, *jamais*, entendez ceci, je ne serai votre femme !…

Il la connaissait assez pour savoir que cette décision était irrévocable. Aussi ne lui répondit-il pas un seul mot. Tous les préparatifs nuptiaux furent décommandés, et ils n'en partirent pas moins ensemble pour le Staffordshire, qu'ils n'ont plus quitté depuis lors. Leur arrivée y fit scandale, comme vous pouvez le penser ; mais quatre ans après, — lorsque je les y ai vus pour la première fois, — la position équivoque des deux jeunes gens était tacitement acceptée, sinon tout à fait établie. Ils faisaient tous deux tant de bien ! Saxon était un propriétaire modèle ; ses tenanciers l'auraient suivi à la guerre, comme autrefois, s'il avait fait appel à leur dévouement. Et Mary était devenue ce qu'on appelle une « renommée de comté, » tant elle s'occupait avec zèle de toute sorte d'améliorations sociales. Écoles, hôpitaux, établissements de correction, souscriptions au profit des émigrants, elle était à la tête de tout, et se faisait adorer de tous,… si ce n'est peut-être de certains *clergymen*, sur les attributions desquels elle empiétait un peu trop audacieusement. Ajoutons qu'elle leur déplaisait par son indépendance d'esprit, qu'elle était abonnée à maint journal « mal pensant, » et qu'elle lisait, soit en allemand, soit en français, des ouvrages censurés par la *haute-église*. En somme, Saxon et elle menaient une vie sans doute irrégulière, mais au fond parfaitement irréprochable et, au point de vue purement humain, inoffensive tout à fait, car personne ne perdait rien à ce qui empêchait la félicité de ce couple bizarre d'être en même temps légitime et complète.

Tel il m'apparut il y a trois ans, tel je l'ai revu depuis à chaque visite qu'il me demande, et tel vous le trouverez d'ici à une demi-heure.

Ainsi avait parlé le docteur Paul E…, et pendant les sept ou huit heures que nous passâmes ensemble à Beechton, je pus vérifier de point en point l'exactitude du tableau qu'il m'avait tracé. Rien de plus ordonné, de plus correct, de plus riant, de plus calme, que ce séjour où deux bienfaisants parias menaient une existence condamnée. Seulement, à deux ou trois reprises, soit avant, soit pendant le dîner, le visage du docteur prit une expression que je connaissais bien et que je n'aimais pas à lui voir ; mais tout aussitôt il semblait chasser un souci importun, et redoublait alors de gaieté, d'entrain, de saillies originales.

— Voilà, lui dis-je une fois repartis, voilà un véritable paradis sur terre… Voilà ce qu'on peut appeler des gens heureux.

— Vous trouvez ! répondit-il après un silence, et pour le coup je ne pouvais me tromper à l'accent ironique de sa voix. Un triste pressentiment me glaça le cœur ; mais, jugeant toute question indiscrète, je n'ajoutai pas un mot. Ce fut spontanément que le docteur, péniblement affecté lui-même, et cédant à ce besoin d'épanchement qui trahit une préoccupation extrême, se laissa entraîner à me faire part de ses motifs de crainte. D'imperceptibles symptômes qu'il avait notés au passage, — et que l'œil et l'oreille d'un praticien expérimenté peuvent seuls rattacher à tout un système d'observations antérieurement recueillies, — lui révélaient, me dit-il, la marche lente et graduelle de la maladie mentale à laquelle miss Dasert, la, fille du *roi* Bruce, se savait, par malheur, héréditairement vouée. Lors de l'avant-dernière visite du docteur, l'incertitude de ces menaçants pronostics l'avait encore laissé dans le doute. Maintenant il voyait clairement le danger, et se demandait par quel artifice il pourrait, sans donner l'éveil à ses deux intéressants clients, risquer des prescriptions devenues indispensables, bien que le résultat de ces prescriptions demeurât à ses yeux fort peu assuré.

— Au premier mot, me disait-il, elle me devinera… C'est avec une fermeté stoïque qu'elle attend le coup,… mais elle l'attend, et je crains bien d'avoir pressenti ce qu'elle compte faire à cette heure décisive. Pour lui, je le tromperai sans peine, et jusqu'au dernier moment ; je sais qu'elle m'y aidera de son mieux… Mais elle !… mais elle ! répétait-il avec une véritable angoisse.

Cette angoisse, je la partageais, je dois le dire.

Mous arrivâmes à Londres, et une fois entraînés chacun de notre côté dans ce vaste tourbillon, nous demeurâmes près de quinze jours sans nous rencontrer. Quand je le revis, je me hâtai de lui demander s'il avait quelques nouvelles de Beechton.

— J'en ai, reprit-il d'un air contraint. Au moment où je cherchais à n'être pas deviné, j'aurais dû me dire que déjà je l'étais ;… ils sont partis pour le continent trois jours après ma visite.

— Savez-vous s'ils comptent y rester longtemps ?

Le docteur ici haussa légèrement les épaules.

— Je ne pense pas, reprit-il, qu'ils en reviennent jamais *tous les deux…*

Hier, 27 novembre, je lisais dans le *Morning Post*, sous cette rubrique à vignette spécialement consacrée au *fashionable world*, la mention suivante : — « Lord Slumberton, arrivant de Nice, est descendu à Brunswick-hotel, Jermyn-street, » et à la huitième page du même journal, au dernier paragraphe des *births, marriages and deaths* [9], on trouvait ceci :

« DASERT. — Le 20 courant, à Nice, dans sa trentième année, et *victime d'un empoisonnement accidentel*, miss Mary Dasert, enfant adoptive et unique héritière de miss Dasert de Beechton. »

Je ne crois pas, de cette tragédie intime, savoir jamais autre chose. J'estime d'ailleurs en savoir assez.

Notes

1.   Publié chez MM. Smith Elder and C°, Londres. — ; Le récit qu'on va lire, — simple épisode isolé et ramené aux proportions ordinaires de la nouvelle, — nous a paru compléter l'analyse par laquelle nous avons déjà essayé de recommander l'œuvre anglaise qui en a fourni la donnée. Nous usons encore ici d'un procédé qui, sans empêcher l'intervention de la critique, et lui venant au contraire en aide, permet d'étudier certaines productions étrangères dans leur mouvement et dans leurs formes originales.

2.   Célèbre aliéniste anglais.

3.   Le représentant actuel de la race royale d'Ecosse dont le nom de Robert Bruce rappelle les origines glorieuses est maintenant le comte d'Elgin et Kincardine, qui va remplacer lord Canning comme vice-roi de l'Inde anglaise à partir du mois de mars prochain.

4.   Edouard Ier d'Angleterre.

5.   Lay the proud usurper low ;

Tyrants fall in every foe ;

Liberty's in every blow ; —

Let us do, or die ! >

6.   Il n'est pas malaisé de reconnaître le Hanovre (Han-over ou Hand-over) sous cette appellation satirique de Foot-under. Le nom du roi Ernest, qu'on trouvera plus bas, ne laisse aucun doute à ce sujet.

7.   « Voulez-vous ? »

8.   Les trustees sont des « curateurs aux biens » très fréquemment employés en Angleterre à veiller sur la fortune des mineurs, des femmes mariées, des interdits, etc.

9.   Naissances, mariages, morts. L'aristocratie anglaise a, dans la feuille quasi officielle, ses registres de l'état civil, quotidiennement tenus à jour.

ISBN : 978-1727138214